jam

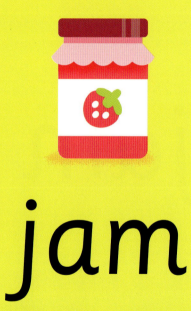

jam

• • •

van

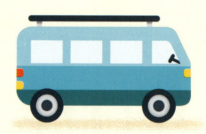

van

• • •

wag

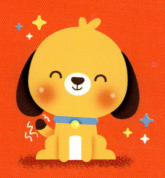

wag

· · ·

fox

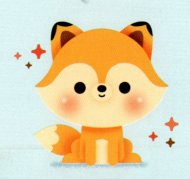

fox

. . .

jog

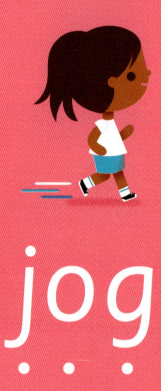

jog

vet

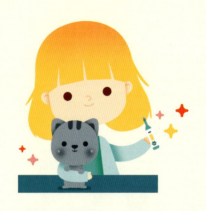

vet

• • •

win

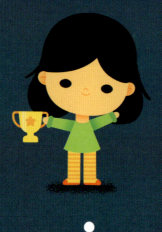

win . . .

box

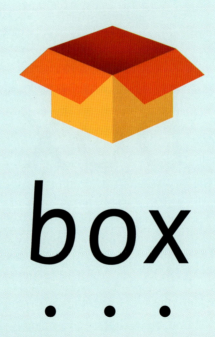

box

• • •

web

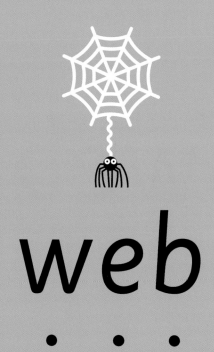

web

· · ·

mix

mix

. . .

A fox in a box.

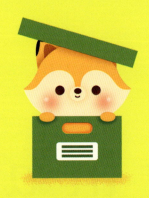

A fox in a box.

I am in a van.

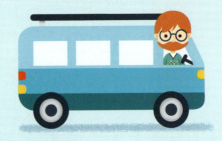

I am in a van.